# Liestal

## in alten Ansichten

von
Werner Strübin-Bentz

Europäische Bibliothek  –  Zaltbommel/Niederlande

*Zum Titelbild:*
Winterfreuden vor dem Obern Tor, anno 1931. Wie eine Vielzahl der folgenden Ansichten, stammt auch dieses Bild vom Fotografen Arnold Seiler. Hier stellt er sich vor seinem Hause mit seiner Familie als Wintersportbegeisterter vor. Die Skipiste ist die heute verkehrsdichte Burgstrasse.

CH  ISBN 90 288 1362 4 / CIP

© 1981 Europäische Bibliothek  –  Zaltbommel/Niederlande

Zweite Auflage, 1994: Neuauflage der ursprünglichen Ausgabe von 1981.

# EINLEITUNG

Ob es wohl eine Vermessenheit ist, Liestal in diesem Buchverlag einer Lesergemeinde von kontinentalem Umfange vorzustellen? Nicht ohne Stolz sei erwähnt, daß über dieses Baselbieterstädtchen, zwischen Jurakamm und Rhein in der Nordwestecke der Schweiz gelegen, schon vieles in Bild und Schrift publiziert wurde. Wir wollen diesem Album den Erfolg sichern, indem wir bereits Bekanntes auf ein Minimum begrenzen, dafür umso mehr Unbekanntes ausgraben und neu vorstellen.

Erläuternd einige Angaben aus der 1970 erschienenen 'Heimatkunde Liestal': Als Burgos (befestigte Stadt) wird der Ort erstmals 1240 bezeugt. Herren waren: die Grafen von Froburg als Gründer, der Bischof und bis 1798 das Ancien Régime der Zunftstadt Basel. Als Untertanenland wurde es vom Schultheissen und seinen Beiräten verwaltet. Bis um die Mitte des letzten Jahrhunderts war Liestal ein bescheidenes Handwerkerstädtchen mit kleinbäuerlichem Einschlag. Nicht ohne Einfluß auf die Entwicklung war von jeher die Lage an der Strassengabelung Basel-Gotthard-Mailand und Basel-Bern-Welschland. Mit der Erhebung zum Hauptort des 1832 gegründeten Kantons Basel-Landschaft und dem 1854 erfolgten Anschluss an den Schienenstrang des später verwirklichten internationalen Eisenbahnnetzes, war die Ansiedlung von Industrien möglich, wie auch eine stete Weiterentwicklung mit immer neuen Verdienstmöglichkeiten. Die Bevölkerungszahl stieg bis 1880 auf 4 700 Einwohner.

Hier beginnt unsere Bilderserie. Ausser den nostalgischen Ansichtskarten aus privatem Besitz, insbesondere der Herren Dr. H. Schmassmann und Christian Teuber, und Bilder von Vereinen bedienten wir uns des Nachlasses Arnold Seilers. Vater Seiler, geboren 1864, hatte in Liestal ein Fotoatelier eröffnet; sein Sohn vermachte nach der Geschäftsaufgabe das gesamte Plattenarchiv der Gemeinde.

Heute zählt Liestal 12 000 Einwohner. Das Erscheinen dieses Bildbandes könnte an jenes 1975 erschienene Buch, betitelt 'Verwandelte Schweiz - Verschandelte Schweiz?' erinnern. Ist es angebracht, Parallelen zu ziehen? Ob es sich um Kulturfortschritt im weitesten Sinne oder um spezifisch bauliches Gestalten handelt – wir Heutigen dürfen nicht einfach scheinbar unbrauchbar Altes niederreissen, wenn an dessen Stelle schlechteres Neues tritt! Und warum muss man wertvolle Bausubstanz, Neuschöpfungen mit prächtigen Anlagen aus der von uns beschriebenen Zeit, durch unmögliche An- und Umbauten verstümmeln? Mehrheitlich sind jedoch positive Kräfte am Werk, und es seien ihre grossen Anstrengungen lobend erwähnt, welche das Ortsbild und Einzelobjekte herausputzen und verschönern. Eine Gegenüberstellung von 'Liestal in neuen Ansichten' würde dies bestätigen. Möge es uns gelingen, unser Städtchen in gesundem Fortschritt zu wandeln – nicht zu verschandeln!

Die Bilder und die begleitenden Texte stammen vorwiegend aus derselben Zeit. Sie sollen miteinander die vergangene Epoche, 100 Jahre zurück bis um 1930, widerspiegeln. Schriftsteller von Ruf haben unser Städtchen besungen. Neben Zitaten von Carl Spitteler und Joseph Victor Widmann kommen Autoren der 'Führer durch Liestal' zu Worte. Vieles stammt aus dem Büchlein Karl Webers: 'Liestal, ein altes Schweizerstädtchen in Wort und Bild' von 1914. Zitate sind jeweils in Kursivdruck gesetzt. Nur für den Leser und Betrachter unerlässliche Erläuterungen sind von uns hinzugefügt.

Auf den ersten sieben Bildern wird dem Betrachter ein Gesamtüberblick der Ortschaft dargeboten. Die weitern Ansichten reihen sich chronologisch aneinander; die Abschnitte können wie folgt betitelt werden:

  8- 22 Innerhalb des früheren Mauerringes
 23- 33 Am Rand des Stadtgrabens
 34- 45 Zaghafte Bildung von Aussenquartieren
 46- 58 Ausflugsziele, Gaststätten
 59- 67 Bahn, Post, Verkehr
 68- 73 Die Garnisonsstadt
 74- 84 Gewerbe und Industrie
 85- 96 Vom Vereinsleben
 97-109 Schule und Kirche
110-124 Freizeitgestaltung, Volksfeste, Brauchtum, Zukunft.

Wir wünschen allen Beschauern viel Vergnügen.

Werner Strübin und seine Mitarbeiter
Hansjörg Schmassmann und Christian Teuber
Liestal, im Spätherbst 1980

1. *Trautes Städtchen, sei mir gegrüsst! – ich sehe dich wieder! Sehe den rebenumgürteten Berg mit den sonnigen Halden, die das freundliche Tal vor stürmenden Norden behütet, sehe die zackige Fluh, die so keck sich erhebt aus dem Hochwald.* So begrüsst und erlebt J.V. Widmann sein Liestal, zurückkehrend 'aus der Stadt am silbernen Neckar' anno 1870. (Lithographie Alb. Lierow 1886.)

2. Aus derselben Zeit, von Norden her gesehen, *erhebt sich, am Fuss der erhöhten Stadtebene gelegen, der Gestadeck. Er galt über lange Zeit hinaus als die Vorstadt der ärmeren Bürger, die verächtlich Gstadigmeier genannt wurden.* Das kleine Gebäude mit dem Hochkamin ist der zweite Fabrikationsraum der ersten Schuhfabrik der Schweiz. Der Betrieb ist 1973 eingestellt worden.

*Gruss aus Liestal. le 17 Janvier. chère Eloa.*

3. Diese Sicht gegen Westen lässt die noch spärlich überbauten unteren und oberen Gestade des Flüsschens Ergolz überblicken; es dominiert das ehemalige 'Forcartsche Gut', später alte Kaserne genannt. Noch sind davor die Überreste des Botanischen Gartens zu erkennen. Die katholische Kirche von 1866 und, am Bildrand ganz rechts, das kantonale Zuchthaus von 1878 bestehen heute nicht mehr.

4. Die Oristalöffnung gegen Ergolztal und Rheinebene zeigt die um 1900 einsetzende bauliche Entwicklung; noch ist um altes und neu entstandenes Wohngebiet viel Kulturland vorhanden. Immer noch gibt es ausgedehnte Rebberge am Schleifenberg. In der ganzen Gegend schreitet die Industrialisierung munter voran, besonders die Floretspinnereien im Niederschönthal.

5. Anno 1895 ist, von Süden gesehen, der Stadtkern noch kompakt. Bahnhof und Postnähe bewirkten die rasche, ausserhalb der Stadtmauern sichtbare Überbauung.

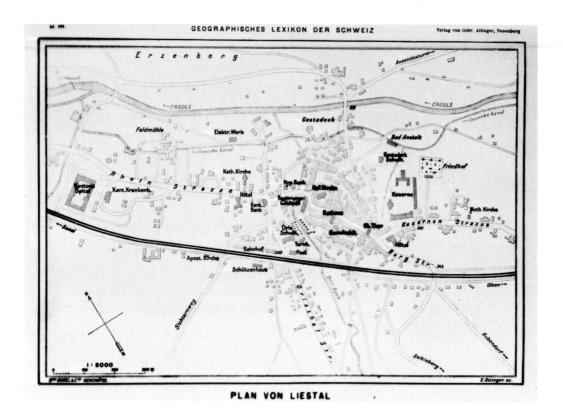

**PLAN VON LIESTAL**

6. Nie wird es gelingen, eine Gesamtansicht unserer Gemeinde zu zeigen, ohne dass Aussenquartiere zu kurz kommen! Zur bessern Orientierung kann nur ein Situationsplan dienen. Hier sehen wir einen solchen, der aus dem Geographischen Lexikon der Schweiz von 1905 stammt. Man zählte zu dieser Zeit in Liestal 5 500 Einwohner mit 550 Wohnhäusern.

7. Ein Bild vom Schleifenberg aus aufgenommen um 1920: *Nur locker reihen sich die neuen Stadtgebiete an den alten Kern. Drinnen schliessen sich umso fester die Giebel zusammen und schauen zu den Neusiedlungen hinüber, die sich breit in die schönsten Obstgärten legen.*

8. Jeremias Gotthelf sagte: *Liestals Tor steht allzeit offen,* und J.V. Widmann sekundiert *...dessen Turm, auf beiden Seiten mit Bildern geschmückt ist, gegen die Häuser des Städtchens gerichtet erblickst Du die Männer, die im Rütli den Eid sich geschworen, auf ewige Zeiten frei zu machen das Land.* Das Bild von 1869 zeigt die alte Pflästerung von Strasse und Hausplätzen. Das Haus mit vorgelagertem Brunnen ist das ehemalige Spital. Daran erinnern heute nur noch der Gassenname und die Brunnstockfigur.

9. *Vom Regierungsgebäude ziehen sich in malerischer Krümmung die Hauptreihen der Vordern Gasse bis zum obern Tor hinauf. Sie heisst heute Rathausstrasse, ist breiter und geräumiger als in andern Kleinstädten, denn sie diente zugleich als Marktplatz.* Noch ist der Rosengass-Durchbruch von 1884 nicht vollzogen. Der schmale Torbogen für Fussgänger und Handkarren ist verdeckt. Davor dominiert der Sinnbrunnen. Fast unauffällig, den schmalen Häusern eingegliedert, präsentiert sich das damals um eine Achse schmälere Rathaus.

10. In umgekehrter Richtung sehen wir die gleiche Strasse 25 Jahre später: *Die Mauern einer klein-städtischen Hauptstrasse sind für den Zahn der Zeit ein böser Knacken... friedlich vollzieht sich mit dem Ein- und Auszug der Geschlechter manche Wandlung... Jedes Städtligebäude ist heute ein Laden geworden; die Kunst der Ausstattung hat sich gehoben...*

11. *Das alte Gasthaus zum Schlüssel, wo einst Bonaparte auf der Reise nach Rastatt seine Kutsche anhalten liess und sich am Patriotismus der Liestaler freute, ist samt dem Nachbarn 'der Stab' zum Konsumladen geworden...* Auf der staubigen Strasse liegt natürlicher Strassenkot... noch gibt's hier keinen lästigen Benzingestank und Motorenlärm.

12. Auf dem höchsten Dach, dem des nebenanliegenden Gasthauses 'Sonne', thront seit alten Zeiten eine Storchenfamilie. Nach dem Ersten Weltkrieg blieb sie aus und in zunehmenden Masse Liestals Kindersegen! Ein fragwürdiger Tausch: anstelle des Nestes ist nun auf dem Dachfirst eine Alarmsirene gesetzt worden.

LIESTAL
Kirchhofplatz

13. *Verträumt und verborgen steht zunächst der Hauptstrasse die Kirche in einem geschlossenen Häuserring, nur die Torbogen geben den Zugang zum Gotteshaus frei.* Am linken Bildrand steht das aus drei Bürgerhäusern zusammengefügte 'Vereinshaus'. In der Mitte das ehemalige Beinhaus. Beide Liegenschaften sind abgetragen. Der Platz war frühere Begräbnisstätte. Auf einem Kamin im Hintergrund erhebt ein Storch seine Schwingen. Turm- und Chormauern der Kirche, bis heute unverändert geblieben, sind auf Bild 14 noch besser sichtbar.

14. Die behagliche Ruhe auf dem Kirchhof schildert J.V. Widmann: *während glucksende Tauben vertraulich Körnchen pickten... und drüben am Haus auf der hölzernen Stiege gravitätisch ein Hahn dem versammelten Trüppchen der Hühner mehrmals krähte sein Kikeriki zum Aerger des Pfarrers, der im Stillen den Hahn wie jenen des Petrus verwünschte...* Längst schon hat das Ärgernis Pfarrer Widmanns in einer Bratpfanne sein Ende gefunden — doch Tauben gibt es hier noch in Hülle und Fülle.

15. Kaum wird sich jemand an das alte Kornhaus, 1750 erbaut, erinnern. Später ist es in eine Strafanstalt umgemodelt worden. Um 1880 niedergelegt, hat mit dem neuerstellten Gebäude auch der Strassenname gewechselt: die Zuchthausgasse wurde zur Amtshausgasse!

16. Der 'Fischmarkt' von Liestal um 1910. *Die Breite dieser Gasse erinnert wiederum an die Bedeutung Liestals als Marktort. So kommt der Weitblick der früheren Stadtbaumeister unserer Generation bei der Lösung der Verkehrsprobleme zugute...* sagt der Chronist von 1914. Ausser dem Namen weiss auch er nichts von einem früheren Fischhandel zu berichten; obwohl anzunehmen ist, dass aus dem nahen 'See', von den Bächen und dem Rhein hier Fische feilgeboten wurden. Einzig erwähnen die Chronisten einen allwöchentlich abgehaltenen Gemüsemarkt, der sich bis heute erhalten hat.

17. Der Fischmarkt verengt sich nordwärts zur Mühle-
gasse. Am Bildrand links ist der Mühle vorgelagert, das
alte Schlachthäuslein, im Hintergrund sind die beiden
Treppentürme des 'Schlyfferhauses' und des Olsberger-
hofes zu sehen. Das stichbogige Tor im Vordergrund
rechts ist der Eingang zum Rathaushof, wo ehemals
die Liestaler Metzger 'aus der Schol' ihr Fleisch ver-
kauften. Die Foto stammt aus der Zeit vor 1871.

18. Anno 1896, *dort wo ins Stadtgebiet ein Arm des Orisbach, das Schwieribächli, zum Betrieb der Stadtmühle einlief, streckte der vierschrötige Wasserturm seine Kappe aus dem Häuserwinkel. Ein finsteres, feuchtes Gässlein: das Nuglartörli, führte unter einem Anbau des Turmes hindurch, vom Schwieriweg auf den Fischmarkt. Es soll dort nicht ganz geheuer gewesen sein, um Mitternacht...*

19. Die Hintere Gasse, auch Schulgasse, heisst heute Kanonengasse. Längst sind die Schulhäuser aus dem Stadtkern verschwunden, das Gasthaus 'Kanone' ist auch nicht mehr. Hintere Gasse ist sie geblieben. Fort sind auch die behaglichen Bänkli vor den Häusern, ebenso die Pflästerung. Der heute hochbetagte Coiffeurmeister wird kaum mehr seine Kraft aufwenden, sein Bürgerholz selber ofengerecht zu sägen und zu spalten, geschweige denn auf den hohen Estrich zu befördern.

20. Die sagenhafte Zuckerbäckerei des Theodor Schmassmann, des 'Schmassgüx', lebt ungetrübt in froher Erinnerung bei seiner damaligen jüngsten Kundschaft weiter — bis auch sie nicht mehr ist: Tempora mutantur et nos mutamur in illis...

21. Hier das Gemüselädeli der Witwe Wanner, Rathausstrasse 7, *die weder lesen noch schreiben konnte, dafür aber rechnen!* Wo können heute noch solche Lädeli existieren?

22. Jedes Städtligebäude ist heute ein Laden geworden, sagt der Autor von 1914. Doch auch ein Metzgerladen wie die zugleich betriebene Wirtschaft war nach aussen an keinem augenfälligen Schaufenster zu erkennen. Auch ohne eine 'Montere' brachten es tüchtige Handwerksleute auf einen grünen Zweig. Wir sehen Familie Louis Tüller vor ihrer 'Schützenstube'.

23. *Aber (am Tor) nach aussen, halten zwei Löwen mit mächtigen Tatzen trotzig das Wappen des Landes; und höher über der Turmuhr, schwingt die Sense Saturn, ein Greis von schmächtigen Gliedern, den das ländliche Volk, das nichts von Mythologie weiss, für den mähenden Tod wohl hält... und eben nicht fehl geht!* Im Vordergrund verrät das schwarze Gebüsch die alte Begräbnisstätte Liestals. Der Zwinger vor dem Tor ist 1879 entfernt worden.

24. *Vor dem Obern Tor verlässt uns die Luft der Residenz, da wird Liestal zum Landstädtchen. Von fünf Seiten münden die Strassen ein, bei der von Heu und Steinfuhrleuten täglich benützten Waage. Die Automobile vom obern und untern Hauenstein sind nicht sonderlich erbaut, wenn ein Heuwagen sich mühsam durchs Tor schiebt und sein ganzes Gewölbe ausfüllt... oder zur Nachtzeit ein Botenwagen landaufwärts trottet und mit seinem Glöcklein das Strassentempo angibt!*

*Liestal.*

25. *Vor der Oeffnung des untern Stadteinganges wo bis 1827 das untere Tor stand, hat sich ein Bankenviertel entwickelt: Sie verwahren ihre Silbervorräte und geben dem Einen, was der Andere bringt! Vom Dachreiter des Regierungsgebäudes herüber winkt ihnen die Windrose täglich das alte Motto entgegen: O W N S = Oh - Weh - Noch - Schulden! — der Stosseufzer eines Bankkunden, der trotz seiner Hypotheken den Humor nicht verloren hat...*

26. Das Bild des untern Stadtausganges zeigt die Zollbrücke über den Orisbach, die 1859 erbaute Hypothekenbank und das Doktorhaus. Aus dem Hintergrund guckt der Turm der katholischen Kirche hervor. Die drei Gebäude haben schon längst Neubauten weichen müssen. Ein lässiger Landjäger verfolgt die Arbeit eines Steinmetzen, der die Brückenbrüstung mit den vom Wasserturm abgetragenen gewaltigen Ecksteinquadern neu setzt.

27. Wir kennen bereits 'die Kappe des vierschrötigen Wasserturms'. Hier stellt er sich von der Aussenseite her vor. *Seine Mauern waren sehr hart, aber doch den Köpfen, die ihn weg haben wollten, nicht gewachsen: der Wasserturm ist zu Gunsten des Obern Tores den Opfertod gestorben! Denn seit die Schnappkarren die schwarzen Steine des Turmes wegtrugen und die Pflasterkelle die turmhohe Klagemauer nebenan glatt strich, weiss man, was es heisst, eine alte Stadt eines Schmuckstückes zu berauben...* Das war der Husarenstreich Nr. 1, der damit eingeleiteten Schwieridurchstich — Korrektion! (Sie harrt heute noch einer endgültigen Lösung.)

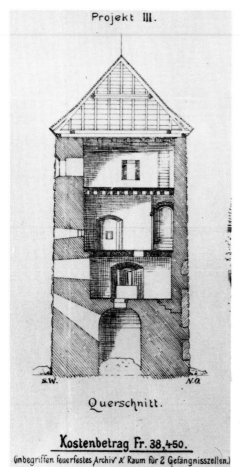

Projekt III.

Querschnitt.

Kostenbetrag Fr. 38,450.

(inbegriffen feuerfestes Archiv X Raum für 2 Gefängnisszellen.)

S.W.   N.O.

28. 1893 erhielt der Gemeinderat den Auftrag, ein Projekt betreffend die Korrektion des Wasserturmes auszuarbeiten. Der Wasserturm gehörte zur ursprünglichen Befestigungsanlage und ist also noch vor 1250 gebaut worden. Er hatte die doppelte Aufgabe, den an und für sich exponierten Punkt zu schützen und zugleich den Einfluss des Stadtbachs, eines Armes des Orisbachs, welcher die Stadtmühle trieb, sowie die Wasserleitung zu sichern, welche die laufenden Brunnen spies.

WASSERTHURM · LIESTAL ·

Projekt III.

Projekt III.

Ansicht vom Fischmarkt.

Ansicht vom hintern See.

29. Die Befürworter einer Erhaltung des alten Wahrzeichens von Liestal machten unter anderem geltend: *Auch der fremde Kunst- und Altertumsfreund, der mit der Bahn das Land hinauffährt, würde den Eindruck bekommen, dass es sich hier um eine alte wehrhafte Stadt handelt, die ihre charakteristischen Denkmäler, trotz erfreulicher Entfaltung modernen Lebens, zu ehren und zu erhalten weiss.* Die Gemeindeversammlung fasste mehrere, widersprüchliche Beschlüsse. *In einer letzten geheimen Abstimmung vom 1. VIII. 1897 wurde mit 179 gegen 135 Stimmen dem Wasserturm endgültig das Leben abgesprochen. Heute würde ihm dieses Schicksal nicht mehr begegnen.*

Brauerei und Wirtschaft Ziegelhof, Liestal

30. Ein Bericht von 1900 erzählt: *Bierbrauerei Ziegel-hof, neueingerichtetes Etablissement mit neuesten Maschinen der Brautechnik. Feinste Biere nach Münchner und Pilsner Brauart. Eigene Wirtschaft mit schattigem Garten...* Der einst holprige Rumpelweg heisst heute vornehm Meyer-Wiggli Strasse, nach dem Gründer der Brauerei. Der rechts ansteigende Schleifenwuhrweg erinnert an die natürliche Wassergraben-sicherung der Stadtbefestigung mit Hilfe des Oris-baches.

31. So präsentierte sich Liestal vor 100 Jahren von der neuen Bahnhofstrasse aus: Das Regierungsgebäude in den Bauformen von 1850 *dort, wo die Fäden der Staatsverwaltung zusammenlaufen und mit den üblichen Reibungserscheinungen die schwere Maschine der Gesetzgebung arbeitet...* Noch fehlt dem Gebäude der 1894 angefügte Ostflügel der Polizeidirektion. Am linken Bildrand erkennen wir die hohen Dachfirste der ehemaligen Kornhäuser; an dieser Stelle erhebt sich heute das Amtshaus.

32. Am früheren Kranz der Ringmauer erstand an deren Stelle die Häuserzeile der Büchelistrasse. *Trotz der vielen weniger schönen Anbauten ist die Kleinmasstäblichkeit des mittelalterlichen Stadtgefüges gewahrt geblieben...*

33. Der Pfarrgarten Widmann ist immer noch *vom einstigen Wall ein baumbepflanztes Restchen, wo zum ländlichen Mahl im lieblich duftenden Gärtchen sich vereinten behaglich die frohen Bewohner in der geräumigen Laube, geformt von schattenden Aesten...* In der Vignette: der 'Pfarrer-Beppi' J.V. Widmann.

34. Bald nach den neugeschaffenen Oeffnungen der Stadtmauer erstanden die wichtigen Gebäude des Orisschulhauses (1854) und des Bahnhofs. Damit wurde die Erschliessung der Oristalausmündung zum Wohnquartier 'Neu Liestal' eingeleitet. Ausserdem etablierten sich schon sehr früh an der Ausfallstrasse gegen den nahen Kanton Solothurn eine Eisen- und Messinggiesserei, eine Velo-, eine Bonbons-, eine chemische und eine Tuchfabrik.

35. *Im Zeitraum weniger Jahre ist die kleine Vorstadt Burg ein schönes Stück den Berg hinauf gewachsen, immer näher zum Wasserreservoir, Richtung Seltisberg...* (1914).

Liestal, Burgquartier

36. Die Karte, um 1920 aufgenommen, zeigt das gleiche Quartier: Den Einschnitt, den der Schienenweg der Schweizerischen Centralbahn 1854 bedingte, darüber die alte Strassenbrücke.

37. Die Eindrücke vom 'Langen Hag' und dem Steinen-Brücklein aus seiner frühesten Jugend beschreibt Carl Spitteler: *Wenn ich nach meinem ersten Ausflug dorthin auf dem Arm der Grossmutter gestorben wäre, so würde ich dort − während man in Liestal ein Kind mehr begrub − den Mund zum Erzählen weit aufgemacht und nach tiefem Atemzug berichtet haben, was ich alles auf der Erde Erstaunliches gesehen und erlebt... Der zusammengefasste Inhalt aller irdischen Erlebnisse hiesse: viel Gras und Liebe.*

38. Entgegen diesem Winterbild schreibt ein Autor über das Steinenbrückli zur Sommerszeit: *Wer es mit dem treppenartigen Wasserfall beschauen will, steige zum Bachbett herab. Felsmulden sind von Schwemmsteinen sauber gefegt, das klare Wasser, mit Forellen bevölkert, lädt zum Bade ein, denn vor neugierigen Blicken ist er von hohen Eichen verborgen. Eine der anmutigsten Bachlandschaften findet hier der Naturfreund und das muntere Zusammenspiel von Wasser, Fels und Wald ist eine Augenweide!*

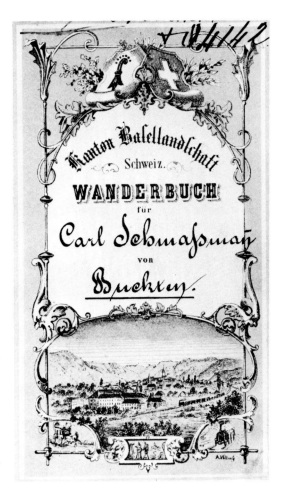

39. Um sich das Rüstzeug zum Meister zu holen, gingen Handwerksgesellen noch Ende des letzten Jahrhunderts in die Fremde auf die Walz. In der Kantonshauptstadt besorgten sie sich bei der 'Polizey-Direktion' ein Wanderbuch. In dem 1872 ausgestellten Wanderbuch, dessen Umschlag eine Ansicht von Liestal schmückt, heisst es: *Sämtliche Behörden und Beamten, denen die Handhabung der öffentlichen Ordnung und allgemeinen Sicherheit obliegt, werden ersucht, den Träger dieses Wanderbuches durchreisen und demselben nöthigen Falls den erforderlichen Schutz angedeihen zu lassen. Das Wanderbuch ist für das In- und Ausland gültig.* Der Inhaber war auf seiner Walz bis nach Wien und Dresden gekommen.

40. Die Rheinstrasse zur Zeit der Krinoline ist noch die typische Landstrasse, wo sich wohl promenieren lässt! Aber bei solch höllischem Strassenstaub wäre den eleganten Damen anzuraten, ihre 'Junten' aufzuschürzen. Im Vordergrund links und rechts gibt's noch ausgedehnte Grünflächen: die unüberbaute Gutsmatte und die grossen Parkanlagen des Birmannschen und des Berrischen Gutes hinter der abschliessenden Baumallee.

41. Die Rheinstrasse in der umgekehrten Richtung zeigt die neue Vorstadt. Am linken Bildrand ist der Turm der katholischen Kirche mit dem alten Pfarrhaus, dem ehemaligen Stäbligut, ersichtlich. Aus dem Hintergrund, von der erhöhten Lage des Städtchens aus, grüsst die evangelisch reformierte Kirche.

42. Ein 'Gruss aus dem Krankenhaus'! Es geht dem Patienten, der die Karte geschrieben hat, wieder besser! Der zeitgenössische Autor philosophiert: *Eine Strecke Landstrasse weiter unten ruft ein dünnes Glockentürmchen die Zeit aus; vom Spital her kommt's und traut sich fast nicht den herumsteckelnden Pfründern und den leidenden Kranken drüben im Krankenhaus zu melden, wie langsam die Stunden dahinschleichen.*

Das „Alte Spital".

43. Das 'alte Spital' war der Nachfahr des 1769 geschleiften Siechenhauses. Aus den Abbruchbausteinen der früheren Kirche im nahen Munzach erbaut, diente es dem Kanton als 'unteres Spital' bis 1855. Dann wurde es Ursitz der Floretspinnerei Bölger und Ringwald. Die Fabrikräume hier waren bald unzulänglich, somit diente das schöne Haus weiter mit billigsten Fabrikarbeiterwohnungen bis 1955, dem Jahre des Abbruches.

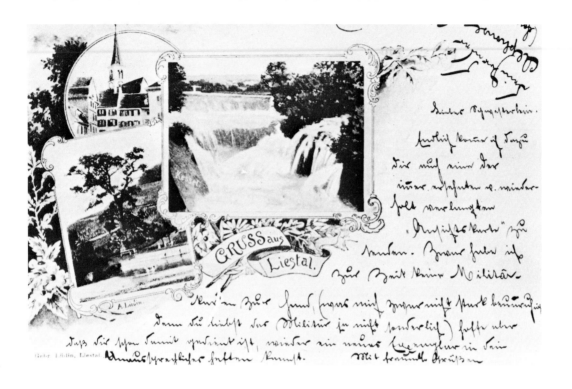

44. Die 'Kessel'-Gegend beschreibt in wohlgefügten Hexametern J.V. Widmann: *Zu sehen zuerst den gewaltigen Eichbaum, der seit undenklicher Zeit den stets noch grünenden Wipfel hoch zu den Wolken erhebt – ein Vertrauter der Himmelsbewohner, während am Fusse des Baumes mit eilenden Wellen das Flüsschen rauschend vorüber zieht und auf einmal stürzt in die Tiefe, wo ein Felsenkessel die tosende Schaumflut aufnimmt.* Links im Bild erspäht man *den rebengegürteten Berg und den zackigen Felsen im Wald, aus weissem Gestein...*

45. Hier die historisch gewachsene älteste Vorstadt, der Gestadeck, *am durchaus unschiffbaren Flüsschen gelegen...* Eine Abzweigung ist das 'Dyg', an dem sich einige Industrie ansiedeln konnte. Ursprünglich waren es nur Gerbereien und Mühlen. Auf dem Bild von 1914 ist die allmählich einsetzende Quartiererweiterung ersichtlich: Unterhalb der alten Schuhfabrik haben das Gas- und das Lichtwerk sich Raum geschafft, und die Gemeinde erstellte ein modernes Schlachthaus.

46. *Einem ruhenden Löwen gleich erhebt sich nordöstlich des Städtchens der buchenbewaldete Schleifenberg, also ihm Schutz bietend und das freundliche Tal vor stürmendem Nordwind behütend. Die höchste 'Alte-Stelle' krönt der Aussichtsturm. – Also musste Menschenkunst den Weg zu den Naturschönheiten bahnen helfen und Wald und Dickicht zu einem Ausguck roden. Mit einem vierstöckigen Holzturm wurde 1891 der Anfang gemacht.*

Aussichtsturm
Oberste Etage 641 m ü. M.

Liestal

47. *Aber so leicht liessen sich die Buchenkronen ihre Hoheitsrechte nicht entreissen... es war ein stärkeres Gerüst nötig, das jedem Sturmwind trotzt und weit aus dem Schutz und Schatten der Bäume hinausragt. 1900 konnte mit Sang und Spiel die Einweihung des eisernen Turmes gefeiert werden.*

48. Eine Teilaussicht vom Turm aus, um 1905, zeigt die damals noch unverbaute nächste Umgebung des Städtchens – der Autor jubiliert: *In allen Lauten, deren die menschliche Begeisterung fähig ist, hat von hier aus schon das Lob der schönen weiten Welt geklungen... lass es hübsch bleiben, Menschenkind, diese Schöpfungspracht in Worte zu fassen; geniesse, störe Dir und den Andern die Andacht nicht –, flieg den Höhen und Tälern entlang, halte im Flug Deines Schauens alles fest, soviel Dir möglich ist.*

49. Der breite Strassenzug führt zum 1896 wie folgt empfohlenen Bad Bubendorf, Sol- und Mineralbad: *eine halbe Stunde von Liestal, schwefelhaltige Quelle, Milch- und Luftkurort, gute Küche, reingehaltene Weine, schattige Gartenwirtschaft. Prächtige an das Haus anschliessende Waldspaziergänge mit Ruhebänken. Mit der Waldenburgerbahn von Liestal aus in 12 Minuten erreichbar. – Postwagenkurs Liestal-Bubendorf-Reigoldswil.* Besitzer: C. Flubacher-Dettwiler.

Orishof, b. Liestal.

Die besten Wünsche
zum
Neuen Jahre

50. *Noch näher beim Städtchen legt sich das Orishofgut über das Tal und füllt es mit seiner Fischzucht-anstalt und dem Weiher mehr als zur Hälfte aus. Auf den Wassern des kleinen Sees spielen sich Winterfreuden eines gewissen Lebensalters ab! Wer sich auf seinen Schlittschuhen gewandt bewegen kann oder wenigstens Verständnis hat für ein idyllisches Zweigespann auf dem Eise, der hört im Namen Orishof die Blechmusikklänge einer Dorfkapelle, die Sonntags auf dem Inselchen im Weiher zum Eislauf spielt. (1914).*

51. *Mit der künstlichen Fischzucht wurde um 1885 die ersten Versuche gemacht. Erfolgreich war das Unterfangen erst ab 1912, als der neue Besitzer aus dem Zürichbiet frisches Zuchtmaterial: Regenbogenforellen mitbrachte und das oft spärlich fliessende Orisbachwasser mittels einer Pumpanlage mit Grundwasser zu ergänzen wusste...* Im Bild festgehalten: verdiente Petri-Jünger.

Within image: KNEIPP'SCHE WASSERKUREN. MASSAGE MOORBADE

SOOLBAD
& KLIMAT. LUFTKURORT
I. RANGES
Schauenburg
bei Liestal - Baselland
POST & TELEGRAPH - KURARZT - APOTH
120 ZIMMER MIT 32 BALCONS & 200 BETT

EMIL FLURY, BESITZER

TELEPHON

52. Diese Postkarte zeigt mit viel Fantasie das Solbad Schauenburg, *den grössten Höhenkurort der ganzen Umgegend*, um 1900. Im gleichen hochtrabenden Ton die seinerzeitige Empfehlung: *Die drei Gebäude der Kuranstalt sind hygienisch gut eingerichtet, sie zählen 125 schöne Familienappartements, 40 mit Salons, Lauben und gedeckten Balkons – im ganzen über 250 Fremdenbetten, Wasserleitung, Wasserclosets...*

53. Die Hotelgebäude waren nach den diversen Umbauten durch die Besitzerfamilien Flury sehr umfangreich. Aus weiteren Empfehlungen erfahren wir: *Zum Hotel gehört eine grosse Landwirtschaft mit Kühen und Ziegen –, daher auch Milch- und Molkenkuren gemacht werden. Zimmer mit Kuhstalluft. Nach Prof. Wolfgang das süsseste und kälteste Trinkwasser, das ich je getrunken... Auf Bestellung werden die Gäste bei den Bahnstationen Schönthal, Liestal oder Pratteln per Kutsche abgeholt.*

54. Schon das Klima stimmt mit den Anforderungen an den Organismus zum Soolbaden überein. Soole aus der Saline Schweizerhalle. Moorbäder wie in Franzenbad ersparen eine teure Reise nach Böhmen; Kohlensaures Soolbad als Ersatz für Nauheim, Apparate wie im Viktoriabad Baden-Baden, Fangobäder (incl. Behandlung) aus Battaglia, heisse salinische Schlammbäder... Apotheke; Kurarzt im Hause. Landauer holen Gäste aus Basel ab! Für Vergnügungen ist reichlich gesorgt: Konzerte, Theatervorstellungen, Bälle, Kinderfeste, Ponnyequipagen, Esel und Reitpferde, Billardsaal; in dem seeartigen Teich, der auch zum Fischfang und zur Gondelschiffahrt dient, wird eine Badanstalt für Seebäder eingerichtet! Evangelische und Katholische Gottesdienste, Eigenes Postbureau...

55. Das Hotel und Kurhaus Bad Bienenberg ist ein vielbesuchtes Ausflugsziel seit über 100 Jahren. Besonders an Sonntagen wurde es von allen Tanzlustigen der Gegend aufgesucht: Ein für die damalige Zeit einmaliger Musikautomat, ein 'Geigenkasten', machte furore und zog die Jugend wie ein Magnet an. Der Hotelprospekt berichtet von neuen Installationen und Renovationen, prächtiger, gesunder Lage mit grossartiger Fernsicht ins Jura- und Schwarzwaldgebirge. Pensionspreis: Fr. 4.50 bis Fr. 6.50 (um 1914).

56. Immerhin vermochten sich auch die Gaststätten im Städtchen beizeiten gegenüber den Grossen der Umgebung durchzusetzen: Der 'Falken' war weiterum wegen der gepflegten Hochzeitstafeln – insbesondere für Israeliten – berühmt. Von der ganzen Herrlichkeit des grossen Parkes mit den Tennisanlagen und allen weitern Bauten ist nur die alkoholfreie Gemeindestube (Restaurant und Hotel) übrig geblieben.

57. 1914: *Der Bahnhofplatz, umrahmt vom Posthaus, der Orisschule und dem Gasthof, ist in das Gewand der alltäglichen Nützlichkeit gekleidet... und vermag doch noch ein paar grüne Bäume zu beherbergen...* Der Hotelprospekt von 1900 dagegen beschreibt eine Gartenwirtschaft, 400 Personen fassend! Unser Bild zeigt die Inneneinrichtung einer spätern, aber längst vergangenen Zeit.

HOTEL ENGEL                          LIESTAL (Schweiz)

Hotel Engel, Liestal. Besitzer Th. Hartmann-Plattner

58. *Alle drängten sich weiter und nahten dem stattlichen Gasthof, wo ein Engel – des Städtchens grösstes plastisches Kunstwerk: ein mit rundlichen Waden gesegneter Engel manierlich in der Rechten den Palmzweig hält –, das Zeichen des Friedens!* Ob wohl inzwischen eine künstlerisch wertvollere Figur anstelle der von Widmann Beschriebenen des Hauses Zierde ist? Hier eine Ansicht des 1920 schon sehr umfangreichen Hotelbetriebes – ein Haus mit Renommee!

Liestal - Bahnhof

59. Die folgenden Bilder illustrieren den Wandel von Bahn und Post; das alte Bahnhofgebäude stammt aus der Pionierzeit, als die Schweizerische Centralbahn 1854 die Eisenbahnlinie Basel-Liestal eröffnete.

*Liestal.*

60. Von hier aus fuhren auch die Postkutschen, bald einmal die ratternden Martiniwagen mit Kettenantrieb und Vollgummipneus Richtung Reigoldswil weg. *Die Station Liestal ist eine der frequentiertesten. 1900: 30 Personenzüge – 40 Güterzüge – 14 Züge der Waldenburgerbahn...* Die Umstellung der SBB Dampftraktion auf Elektrisch geschah 1924, die der Waldenburgerbahn 1954.

61. Beim Bau der Centralunterführung von 1935 fand die ausrangierte Lokomotive Nr. 1 der WB Verwendung: Sie wird zum Rollwägelischubdienst eingesetzt!

62. Die Eisenbahnbrücke, die den Frenkenfluss überquert, hatte 1922 für die SBB ausgedient. Sie wurde nach Süden verschoben und zur Benützung der WB überlassen. Im Vordergrund ein 'Pflanzplätz' und Lagerfässer der Senffabrik Liestal.

63. Die Waldenburgerbahn ist die älteste und kleinste Strassenschmalspurbahn der Schweiz. Der Lokal-poet, Wilhelm Senn, hält sie 1884 so in seiner Erinnerung fest: *Es git mi Sex uf der Welt ekei gmüetliger Fuehrwerck, as' s Wallebergerbähnli. Wo-n-i's zum erste Mol gseh ha, isch's- mer gsi, die Lokemotivli, die Personen- und Güeterwägeli sige luter Gvätterlizüg für Chinder.* Von 1880 bis 1923 erlaubte man ihr, bis 'Altmarkt' das Trassé der Centralbahn, später der SBB, zu benützen. Das Bild hält Abschied vom alten und Eröffnung des neuen Schienenstrangs fest.

64. Bei diesen notwendigen Abgrabungen machte man eine geologische Entdeckung: Es wurde eine Grundmoräne des Rhonegletschers freigelegt; dieser ist im Eiszeitalter über den Jura hinaus vorgestossen und hat auch unsere Gegend überdeckt. Oberhalb des Bordes, links im Hintergrund, erhebt sich, noch eingerüstet, die neuerbaute Kapelle der Chrischona-Gemeinde.

Gruss aus Liestal

65. Schon 1887 verlangte die Gemeinde die Erstellung eines 'Parallelweges', das heisst einer Fahrstrasse neben dem Bahngeleise. Der Wunsch ging erst vor dem Zweiten Weltkrieg mit dem Bau der Poststrasse in Erfüllung.

66. Die Karte mit fantasievoller Umrahmung zeigt das heute als Post ausgediente Gebäude, 1892 von Architekt H.W. Auer erbaut. Er war auch am Bau des Bundeshauses in Bern beteiligt, ein Spezialist der Neurenaissanceformen. Von Kunstsachverständigen bald hoch gelobt, anderseits angefochten, ist dieser Palazzo heute noch erhalten.

67. Die Fahrt der letzten Pferdepost nach Büren (So) geschah am 13. März 1925, an welchem Tag auch diese Foto geknipst wurde. Damit hörte die Pferdepostromantik in Liestal endgültig auf. Schon viel früher träumte Spitteler nicht nur seiner Heimat, sondern auch dem Postwagen nach: *Ja, warum, wenn man es doch kann, fahren nicht alle Menschen alle Wochen von Bern nach Liestal? Und wenn sie nicht wollen – warum denn nicht wir?*

68. Liestal ist überall als Garnisonsstadt bekannt. Der Grundstein dazu ist mit dem Bau der Kaserne 1860 gelegt worden, geraume Zeit vor 1874, als das Militärwesen Bundessache wurde. Das hübsche Nebeneinander von Zivilstadt und Garnison ist auf dieser 'gestellten' Postkarte besonders hervorgehoben. Aus der Vignette blickt Spitteler auf das Haus seiner Eltern (am Bildrand rechts) herunter. Es diente später als Schulkommandohaus.

69. Eine Karte von 1915: Die Soldaten schützen unsere Neutralität mit der Waffe in der Hand; Carl Spitteler tut das mit seiner berühmten Rede: Unser Schweizer Standpunkt! Wieviele solche Soldaten-grusskarten hat wohl die Feldpost befördert, um als Gegenleistung ein 'Fresspaket' oder auch nur ein Liebesbrieflein zurückzuerhalten?!

70. Auf der Exerziermatte: *Schon 1860 stellte die Gemeinde dem Staat 15 Jucharten Land 'im Gitterli' kostenlos zur Verfügung.* Die Infanterie-Rekruten üben am Zielbock ihre Schiesstüchtigkeit.

71. Im Jahre 1874, als das Militär vom Kanton an die Eidgenossenschaft überging, erhob diese das Städtchen zu einem Hauptwaffenplatz. Vom Übungsgelände für Artillerie, Genie, Infanterie, Telegrafen- und Vermittlungstruppen sehen wir hier die Sappeurschanzen, 1903 von Genietruppen erstellt.

72. Sappeure wissen ihre Übungen auch nützlich zu gestalten: Diesen Notsteg über die Frenke konnte die Zivilbevölkerung noch lange Zeit benutzen. Das Bild von der Belastungsprobe (1906) zeigt auch die weitere unverbaute Gegend rund um die 'Stollengumpi'.

73. Im Jahre 1915, im Aktivdienst des Weltkrieges 1914-1918, verstand man in Liestal Ernst mit Spiel glücklich zu kombinieren: Der übliche Wachtaufzug des Infanterie Bataillons 24 fand innerhalb des Tores statt. Major Henri Guisan (General der Schweizerarmee 1939-1945) grüsst als Kommandant die Bataillons Fahne – also den Rütlischwur der obenan gemalten drei ersten Eidgenossen bekräftigend...

74. Die Entwicklung von Liestals Gewerbe und Industrie beginnt mit der Feldmühle. 1301 bezeugt, produzierte sie Brotmehl bis zum Ende der Krinolinenzeit. Dann aber geschah die Wandlung... *das weisse Mehl, das die Müllerburschen bestäubte, stammt nun nicht mehr von den Weizenkörnern, sondern vom Jurakalkstein, der sich da in gefügigen Zement wandelt.* Hier sind die Fabrikanlagen von 1910 ersichtlich, das alte Mühlengebäude ist durch eine Staubwolke verdeckt.

75. Eine weitere nicht mehr vorhandene Mühle war auf dem Gestadeck. Sie ist 1945 abgebrannt. Das Bild von 1920 zeigt, einem langgezogenen Walmdachbau vorgelagert, die Sägerei, woher die Doppelbezeichnung Säge-Mühle abgeleitet ist. Dahinter erhebt sich das ehemalige Herrschaftshaus. Es bildete mit den übrigen Gebäuden eine Einheit. Der rechts nebenan sich erhebende Vierkant ist der Schlauchturm der Feuerwehr.

Liestal, von der Frenkendörfer Landstraße gesehen.

76. Dieses kleine Rinnsal bedeutet den Ursprung allen Gewerbefleisses des Städtchens: das 'Dyg' – der Mühleteich, später Gewerbekanal genannt, verlieh den Müllern, den Gerbereien und noch ganz spät den Fabrikturbinen seine Wasserkraft. Der Verzicht auf dieses Wässerlein kommt nun der nebenher fliessenden Mutter Ergolz zugute!

77. Im Jahre 1855 hatten die Herren Bölger und Ringwald im 'alten Spital' (Bild 43) eine Floret-spinnerei (mit Seidenraupencocons) eingerichtet. Rasch entwickelte sich der Betrieb zu einem Gross-unternehmen mit zeitweise über 1 200 Arbeitskräften (vor allem Frauen). Wir sehen die bauliche Ausdehnung der Firma im 'Schönthal' 1920, dicht an der Gemeindegrenze. (Aufgabe des Fabrikations-betriebes 1950.)

78. Hier hat die Woll- und Tricotagefabrik 'Handschin und Ronus' 1889 erstmals produziert. Es ist das Fabriklein der nachmaligen Firma 'Prometheus' an der Rheinstrasse, hinter dem Restaurant Reblaube.

79. Die Innenaufnahme im Dachstock mit Transmissionen, Gasbeleuchtung und Eisenofen zeigt Kettler- und Näherinnen an der Arbeit.

80. Im Jahre 1899 noch allein auf weiter Flur des 'Benzbur-Gräubern'-Areals: das Hochhaus! Es ist das älteste (heute aufgestockte) im Betrieb stehende Fabrikgebäude. Die Hanro AG ist eine Weltfirma geworden. Wagemut, Weitsicht, Glück und Durchhaltewillen der Gründer und Nachfolger haben das Geschäft zu einer solch einsamen Höhe heraufgearbeitet. Auch hier war die frühzeitige Nutzung der Wasserkraftenergie von grosser Wichtigkeit. Das köstliche Nass wurde von der Frenke in einem Kanal herangeleitet.

Handschin & Ronus
Mechanische Strickereien
Liestal-Schweiz

Hanro's
Graziosa

TELEGRAMM·ADRESSE:
HANRO
TELEPHON: 80 u. 254
POSTCHECK – CONTI:
BASEL V. 153
KARLSRUHE 4726

81. Diese Postkarte ist eine Litho-Montage: Wir sehen darauf das Hochhaus von 1899, einen spätern zweistöckigen Anbau von 1906, den Shedbau von 1917 und, oben links hineinkopiert, die Fabrik in Büren von 1911.

Prima Liestaler Halblein, Loden, Militärtuche

# Tuchfabrik Brodtbeck-Rosenmund A.-G.

GEGRÜNDET 1872   TELEPHON 175

LIESTAL

*Vertreten durch Herrn* ........................................................

82. Die Empfehlungs- und Visitenkarte der Firma Brodtbeck und Rosenmund bezeugt für 1910 schon ein respektables Unternehmen. Seit 1920 ist die Tuchfabrik Schild AG Besitzerin.

 LÜDIN & Co. LIESTAL

83. Schon viele Jahre lang sind Jünger der Schwarzen Zunft hier ansässig. Mit der Kantonsgründung in Zusammenhang stehend, haben die Vorgänger der Firma Lüdin das Kampforgan: den 'Unerschrockenen Rauracher', gedruckt. Die Firma Lüdin hatte schon 1900 dem Zeitungsverlag zahlreiche andere Geschäftszweige angegliedert und ist damit gross geworden. Schon damals wirbt sie für alle Druck-erzeugnisse-Buchbinderei-Buchhandlung und sämtliche Fotoartikel.

# Tagblatt der Land[chaft Ba
## „Land[chäftler"

Insertionsgebühr:

Die kleinspaltige Petitzeile oder deren Raum im Lokal-Rayon 15 Rp., außerhalb 20 Rp., bei Wiederholungen Rabatt.

□ Beilage: Sonntagspost □

84. Die andere Zeitungsdruckerei 'Zum Landschäftler' hiess früher Brodbeck & Cie. Hier druckte man Justus Stöcklins berühmte Rechnungsbüchlein (Lehrmittel) und seine Literaturskizze 'Liestal, ein Poetennest!' Die Zeitung 'Landschäftler' erschien von 1848 bis 1964.

85. *Die Vereine sind Förderer des kulturellen Lebens einer Gemeinde; sie sind um die geistige wie um die leibliche Weiterentwicklung aller Bevölkerungskreise besorgt...* Hier jubiliert die Schützengesellschaft. 1925 ist sie 100 Jahre alt geworden und stolz auf das neue Schützenhaus 'Im alten Brunnen' und den Scheibenstand am 'Sigmund'. Es sind ungefähr 100 wehrhafte alte und junge Männer versammelt, vor ihnen sitzen die Warnerbuben.

86. Was wäre eine Gemeinde ohne Musikgesellschaft? Wir sehen die Stadtmusik, gegründet 1875, in Marschordnung daherschreitend, im Kostüm einer Kaiserjäger-Uniform mit Federbuschhüten, angeschafft vor dem Ersten Weltkrieg.

87. Man musizierte auch ohne Uniform... 1918, vor der alten Kantonalbank. Die Stabführung hat der legendäre 'Bürstenchläpper', Vize-Dirigent Lehrer Jean Spinnler-Kunz.

88. Eine Riesenaufgabe für den Verein und die ganze Gemeinde war die Organisation des 2. Kant. Musikfestes 1911. Die von Otto Plattner geschaffene Festkarte ist künstlerisch gesehen heute noch Spitzenklasse und sehr gesucht.

89. Der Turnverein Liestal (TVL), gegründet 1859, ist eine Sektion des Eidgenössischen Turnvereins. Er führte 1871 mit Hilfe der hochbegeisterten Gesamtbevölkerung ein Eidgenössisches Turnfest durch, 1914 gab es eine Repetition im kleineren, kantonalen Rahmen. Wiederum schuf Mitbürger Otto Plattner die offizielle Festpostkarte in seiner überlegenen Manier.

90. Im Jahre 1919 war das organisierte Turnen der holden Weiblichkeit noch nicht unbedingt Mode. Diese fünf Mädchen in Pumphosen leisteten jedenfalls für das Frauenturnen Pionierdienste!

91. Der vornehmlich aus Kreisen des 'Grütlivereins' hervorgegangene Arbeiter-Turnverein Liestal (ATV) ist dem 'Satus' angeschlossen und zählte hier (1920) eine respektable Mitgliederzahl. Er kehrte mit bekränzter Fahne, einige Einzelmitglieder ebenfalls mit Kranz-Auszeichnung, von einem Feste heim.

92. Der FCL (Fussballclub Liestal), gegründet 1896, ist einer der ältesten Fussballsportvereine der Schweiz! Er war, insbesondere in der Frühzeit, nicht nur auf dem Rasen recht erfolgreich, sondern in seiner gesellschaftlichen Tätigkeit und im 'Schmeissen' gepflegter Anlässe in der Gemeinde führend.

93. Einige Aktivmitglieder führten den Zeichenstift mustergültig und gaben den Anzeigen und Einladungskarten eine persönliche Note. Es waren Meister der Grafik und der Konterfeikunst am Werk.

94. Das Musik- und Gesangsleben der geschilderten Zeit kann nur in Verbindung mit den wirkenden Vereinen und deren Leiter gewürdigt werden. Den Dirigenten des Gesangvereins (Männerchor und Frauenchor 'Harmonie') Jakob Rosenmund (1841-1910) schildert Widmann als 'Heinz den Bratscher'. Ausser seinen gesangspädagogischen Verdiensten ist er der Komponist von vielen heute noch gesungenen 3-8 stimmigen Chorliedern. Er starb auf der Orgelbank im Gottesdienst während des Gemeindegesanges. – Kirchenchöre gibt es seit dem Ersten Weltkrieg, sie florieren heute noch.

95. Ein weiterer Förderer der Liestaler Gesangskultur war Arnold Spahr, Lehrer, (1860 bis 1937); der langjährige Dirigent des Männerchors Sängerbund und des Frauenchors 'Alpenrösli'. Sein Gesangslehrmittel 'Sonnenblick' erreichte viele Auflagen und war über Jahrzehnte im ganzen Schweizerland verbreitet. Viele Kompositionen und ergänzende Liedsätze sind von ihm verfasst.

96. Die Feuerwehr kann wohl als 'der Pflichtverein' einer Gemeinde bezeichnet werden! 1919 hat sie die hohe Auszugsleiter und die erste Motorpumpe erhalten. Das Bild zeigt 1920 das Kader mit dem gemeinderätlichen Chef (in Zivil), Buchbindermeister Carl Seiler. Der zweite rechts von ihm ist der Feuerwehrhauptmann: Schlossermeister Emil Pfaff.

97. Vom Geiste Pestalozzi erfüllt, hat Jungfrau Dorothea Plattner, anfänglich in der eigenen Wohnung und in ihrem Garten, seit 1856 ihre Kleinkinderschule geführt. *In uneigennütziger Weise, getrieben von der Liebe zu den Kindern leitete sie die Schule ohne einen andern Lohn als die Freude, ihren Schützlingen zu leben... 51 Jahre lang, bis 1907!* Wahrlich, für uns Zeitgenossen eine fast unglaubliche Leistung.

98. Die Postkarte zeigt das Orisschulhaus, erbaut 1853 und erweitert 1875. Es dient heute, nochmals gänzlich umgebaut, dem Gericht und der Kantonsbibliothek. Das Gestadeckschulhaus, Baujahr 1888, ist in neuerer Zeit ebenfalls mit verschiedenen Anbauten bereichert worden.

Liestal

99. Die Allee-Turnhalle, zum Orisschulhaus gehörend, ist heute Feuerwehrmagazin (siehe Bild 96). *Sie ist eine der ersten Pflanzstätten des Turnens, das sich mit der Zeit zu einem schönen Stück Volksleben und Volkserziehung auswuchs...*

Liestal. Bezirksschule.

100. *Das neue Bezirksschulgebäude von 1907 steht auf freier Anhöhe mit weitem Blick auf die Jurahöhen. Der Grundsatz, für die Jugendbildung müsse der Staat tüchtig in den Säckel langen, hat hier oben schöne Früchte gezeitigt. Sogar ein botanischer Garten samt Alpinum und Aquarium ist der Stolz der Schüler.*

101. *Waren früher die Bezirksschüler in den Räumen des alten Amtshauses eine gefürchtete Gesell-schaft, die sogar einen organisierten Kampf gegen Thermometer und Pultdeckel führte, ja den Schrecken der Nachbarschaft bildete, so stehen sie jetzt mit gleichem Kastengeist für die Güter ihres Schulhauses ein, Seerosen und Goldfische im Teich sind vor frevlerischem Eingriff sicher...* Der Bericht stammt von 1914, das Bild einer Klasse mit der gesamten Lehrerschaft, aufgenommen um 1923.

102. Die Baujahre 1916 bis 1919 sind ein Markstein in Liestals Schulgeschichte: Mit einem Aufwand, der damals schon die Millionengrenze überschritt, ist die prächtige Schulanlage 'Rotacker' geschaffen worden.

103. Im Jahre 1919 fand die Einweihung, verbunden mit einem Jugendfest, statt: *Drob jubelte der Himmel: Frühling ist vergönnt! Hei Saft! Hei Jugend! – Heissa! Lebt so stark ihr könnt!* (Carl Spitteler: aus 'Prometheus der Dulder'.)

104. Zur Folge Kultur-Schule-Kirche seien hier zwei Repräsentanten vorgestellt. Ständerat Martin Birmann *...bis zum Tod 1890 wirkte er unermüdlich als der erste Sozialpolitiker Basellands. Die Armenfürsorge wurde von ihm in geordnete Bahnen geleitet, und dank seinem reichen Gemüt war er ebensosehr ein geistiger Wohltäter.* Sein Schwiegersohn, Pfarrer D. Karl Gauss-Birmann (1867-1938), war die führende Persönlichkeit im Basellandschaftlichen Pfarrkonvent, Erforscher der Kantons- und Kirchengeschichte; langjähriger Schulpflegepräsident; als Verfasser der Geschichte der Stadt Liestal wurde er zum Ehrenbürger ernannt. Beide Honoratioren ruhen auf dem alten Friedhof; die Kapelle ist schon längst durch Neubauten ersetzt worden.

105. Im Jahre 1878 ist diese erste Methodistenkapelle errichtet worden. Schon 1897 musste sie abgetragen werden; sie wurde durch das kürzlich renovierte und unter Heimatschutz gestellte, grössere Gebetshaus ersetzt. *Vom verschwundenen Bau sind die im Stile der englischen Tudorgotik geschafften Bauelemente übernommen worden. Das Bild der Kapelle mit der noch unverbauten Umgebung an der Kasernenstrasse erinnert an frühere Wegkapellen.* Die kleinere Ansicht ist die nach 1897 erbaute 'Türmlikirche'.

106. *Die erste katholische Kirche ist 1865 erbaut worden und sollte ihren Dienst fast 100 Jahre versehen.* Aber auch das schon vorher erworbene Pfarrhaus, das schöne barocke 'Stäbligut' (siehe Bild 41), ist schon längst nicht mehr. Sic transit gloria mundi... Der Promotor und erste Oberhirte der finanziell sehr armen Gemeinde, Hochwürden Pfarrer Doppler, ist vergessen.

107. Eine einzige Glocke hat die katholischen Gläubigen von 1888 bis 1923 zusammengerufen; sie war ein Geschenk der Schlossherrschaftlichen Familie Hubner vom 'Ebenrain', Sissach. Über 200 Jahre lang hatte sie vorher der Sissacher reformierten Gemeinde zu ihren Gottesdiensten geläutet. 1923 erhielt die katholische Kirche Liestal ein neues vierstimmiges Geläute. Vor den Glocken: die Kirchenräte mit Hochwürden Pfarrer Müller.

108. Zwanzig Jahre früher hatte der Glockenaufzug eines neuen Geläutes zum hohen Turm der evangelisch reformierten Stadtkirche durch die Schuljugend stattgefunden. *Sie wurde für diesen Dienst gebührend verpflegt; es war ein Festtag für die ganze Bevölkerung... Jetzo mit der Kraft des Stranges... hebt die Glock mir hoch zum Turm... ziehet, ziehet, hebt! Sie bewegt sich – schwebt. Freude dieser Stadt bedeute, Friede allzeit ihr Geläute...*

109. Die Kirchgemeinde gedachte kürzlich ihres nun 75 Jahre alten Geläutes. Heute noch berührt es uns wehmütig, daß damals die vom Dichter Carl Spitteler besungene Betzeitglocke eingeschmolzen wurde... Sein bescheidenes Wünschlein ist und bleibt Traum: *Heute, wenn die müde Hoffnung wieder sich zum Wunsch bequeme, Wünscht ich bloss ein kindisch Wünschlein, dessen der Verstand sich schämte: Möchte wissen, wie die Glocke, die mich in den Schlaf gewöhnte, Damals ganz zuerst am Anfang, möchte wissen wie sie tönte!*

110. Zur früheren Freizeitgestaltung gehörte als grösstes sommerliches Vergnügen das Freiluftbaden in den noch sauber fliessenden Bächen – hier in der Frenke; oder im 'Badhüsli'. Die städtische Badanstalt existierte von 1881 bis 1933 auf dem Areal des heutigen Werkhofes 'im Rosen' und wurde mit dem 'Dyg-Wasser' der Ergolz gespeist.

111. Das Schlitteln in den viel schneereicheren Wintern konnte noch auf Hauptstrassen geschehen, *...bis über dem Holz des 'Belvedere' ('auf Berg') wurden die Schlitten gezogen; oben bereitete man sich zur langen, sausenden Fahrt erst zwischen den überschneiten Bäumen hindurch, dann am Eglisacker vorüber an einem Zug vorbei bis zur Seltisbergerbrücke – dann die hohle Gasse hinunter* (heutige Burgstrasse), *vorm Tor weg, via Bücheli bis zur Ergolz...*

112. Zum Andenken an die Grenzbesetzungszeit 1914-1918 erhält Liestal ein Soldatendenkmal. Anfangs der zwanziger Jahre war man noch auf die PS der heute auf den Strassen zur Seltenheit gewordenen Vierbeiner angewiesen. Der Schwertransport des Wehrmannsbrunnens vom Güterbahnhof zur Allee gestaltete man zu einem Umzug.

113. Zu den weitern Winterfreuden zählten die Fasnachtsbelustigungen: Im Hotel Engel waren die, sogar von Auswärtigen besuchten, Mittwoch-Maskenbälle mit grosser Prämierung berühmt. Auch auf der Strasse tat sich in den zwanziger Jahren schon einiges. Hier... *der grösste Umzug, den Liestal je gesehen.*

114. Ein bunter Blumenwagen wird von einer dunkelgekleideten Zuschauermenge bestaunt! Den Abschluss bildet der Kater, hinweisend auf nachfasnächtliche Stimmung!

115. Mit bescheidenen Mitteln belebten Schulbuben die dannzumal eingetrocknete Liestaler Strassenfasnacht: Schon früh übte man das Trommeln und Pfeifen. Anno 1929 wurde *die Emanzipation der Frau und das Frauenstimmrechtsbegehren* auf der sechseckigen Papierlaterne ausgespielt. Zuletzt eine Damenlatrine der 'Saffa' (Schweizerische Frauentage mit Ausstellung in Bern). Dazwischen ein 'Verkaufshüsli', das projektierte Grosskaufhaus in Liestal darstellend, mit dem Spruch: *Ihr lieben Leut, ihr lieben Leut, kauft nicht erst morgen, sondern heut! Heute geb ich alles zur Hälfte her, und morgen kostet's gar nichts mehr!* Auch der Versuchsballon 'Raketenauto-Opel' war für die Buben ein willkommenes Sujet, um ein solches stilisiertes Vehikel zu basteln!

116. Vier Jahrmärkte erfreuen Kauflustige und brachten insbesondere früher vielerlei Vergnügungen in den eintönigen Alltag.

117. Viehmärkte gab es von 1855 an *der guten Frequenz wegen ausser an den vier Jahrmarkttagen
auch an jedem dazwischen liegenden Monat einmal...* Aber Kauf und Verkauf unseres lieben Viehs
haben sich im Laufe der Zeit geändert; die Nutzviehmärkte auf dem Zeughausplatz sind verkümmert
und auf Ende 1968 gänzlich abgeschafft worden. Das Bild stammt von 1912.

118. Hohe Wellen der Begeisterung warf der Flugtag 1913. Sie galt Oskar Bider, dem Pionier des schweizerischen Flugwesens, dem ersten Pyrenäen- und Alpenbezwinger.

119. Die offizielle Flugtagkarte und die Briefmarke, wiederum von Kunstmaler Otto Plattner geschaffen, hat einen philatelistischen Seltenheitswert.

120. Das Liestaler Fest des Jahres: der Banntag, in der damaligen Grösse noch viel überschaubarer. Das Bild zeigt den Auszug der vier Banntagrotten, 1923. Fahnenschwinger ist Kunstmaler Otto Plattner. *Los, wie's überall chracht und g'hörsch dä Jubel im Stedtli, g'hörsch die fründlige Grüess und g'sesch die heitere Gsichter!? Frog nit lang was es syg! Hütt fyre si z'Lieschtel der Banntag!*

121. Diese zwei Banntagsveteranen sind zugleich zwei Meister ausgestorbener Berufe! Links: Karl Bohny-Jenny, Besenbinder und ehemaliger Beiwächter. Er, der 'Pfyffebohny', schob bis 1930 auf einem Zweiräderkarren seine Kehrbesen nach dem 15 Kilometer weit entfernten Basel, bediente Privatkunden und das städtische Bauamt.
Rechts: Oswald Heinzelmann-Hunziker, der Hausierer, suchte seine Klienten mit allerlei Lebensmitteln, Gebrauchsgegenständen, Obst, Gemüse und Schnittblumen heim.

122. Der Festumzug zur 400-Jahrfeier 'Basel im Bunde der Eidgenossen, 1501-1901' zeigt den Guiden-
vortrab der Kavallerie bei der Kantonalbank. Eine längst vergangene romantische Zeit, wo das Reit-
und Zugpferd noch seine gewichtige Rolle spielte.

123. Zum Abschluss der geschilderten Zeitepoche sei das Bild der Zentenarfeier des jüngsten Kantons der Eidgenossenschaft (1832-1932) wiedergegeben: Liestal, der Kantonshauptort im Fahnenschmuck und Festtrubel, mit dem bedeutungsvollen Freiheitsbaum vor dem Rathaus.

Hauptgasse

124. Welch lustiges Zukunftsbild, entworfen im Jahre 1911! Mit Carl Spitteler antworten wir nüchtern darauf: *Wer zählt die Schritte? Kann die Strasse messen? Und was bedeutet 'kurz' und 'lang' auf Erden? Es ist ein ewiges Vergehn und Werden, und was dahinter liegt, es ist vergessen. Die Stunden zögern und die Jahre fliegen: das Zifferblatt der Weltuhr bleibt verschwiegen.*